Liebe Leserin, lieber Leser!

Wenn sich im Herbst die Bäume bunt färben und die Wintersonne den Schnee glitzern lässt, machen Spaziergänge in der frischen klaren Luft wieder richtig Spaß. Damit das Naturerlebnis nicht zur Zitterpartie gerät, ist warme Kleidung angesagt. Lange Unterhosen waren gestern – heute bieten Stulpen, Stutzen und Gamaschen Väterchen Frost die Stirn. Aus weichen Docht- und Merinogarnen, oft superwash ausgerüstet, werden sie zu perfekten und pflegeleichten Wegbegleitern.

Auch modisch sind die schicken Accessoires auf Erfolgskurs. Musterstark in Trendfarben peppen sie den klassischen City-Stil auf, mit frechen Schnitten und Details setzen sie witzige Akzente, und dem Evergreen Jeans verleihen sie neue, jugendliche Frische. Ebenfalls heißgeliebt: kuschelweiche Beinwärmer, die für das perfekte Wellness-Feeling auf dem Sofa sorgen.

Wer jetzt zu den Nadeln greift, hat im Handumdrehen seine neuen Herbst- und Winterbegleiter fertig. Mit verständlichen Anleitungen und Mustervorlagen geht die Arbeit schnell von der Hand. Anfänger finden in diesem Buch ebenso Anregungen wie Berufstätige, die sich einen schnellen Strickerfolg am Wochenende wünschen. Könner werden von raffinierten Mustern begeistert sein.

Ich wünsche Ihnen viel Spaß beim Stricken und Häkeln! Genießen Sie die kalten Tage mit Ihren schicken und wärmenden Accessoires.

Ihre

Birgit Rath-Israel

Inhalt

3	Das brauchen Sie
4	Minizöpfe machen Mode
6	Top-Duo: Jacquard & Jeans
8	Stäbchen im Romantik-Look
10	Perfekter Wegbegleiter
12	Gamaschen, gehäkelt & geknöpft
14	Wärmstens empfohlen
16	Musterspiele mit Merino
18	Weich, warm, zum Wohlfühlen
20	Mit Zippern auf Erfolgskurs
22	Filigrane Eleganz
24	Schicke Akzente durch Farbe
26	Modehit bei Minusgraden
28	Grundkurs Stricken
32	Impressum, Hersteller/Materialien

Umschlagseiten

A	Häkelschriften
B/C	Strickschriften und Zählmuster
D–F	Grundkurs Häkeln

Größentabelle

Größe in cm	S	M	L
Umfang oberhalb des Knöchels	19–20	21–22	23–24
Umfang Wade	34–35	36–37	38–39
Umfang Oberschenkel, 10 cm über Knie	39–40	41–42	43–44
Umfang Handmitte	16–17	18–19	20–21
Umfang Unterarm, oberhalb Handgelenk	15–16	17–18	19–20
Umfang Unterarm, unterhalb Ellbogen	24–25	26–27	28–29

Das brauchen Sie

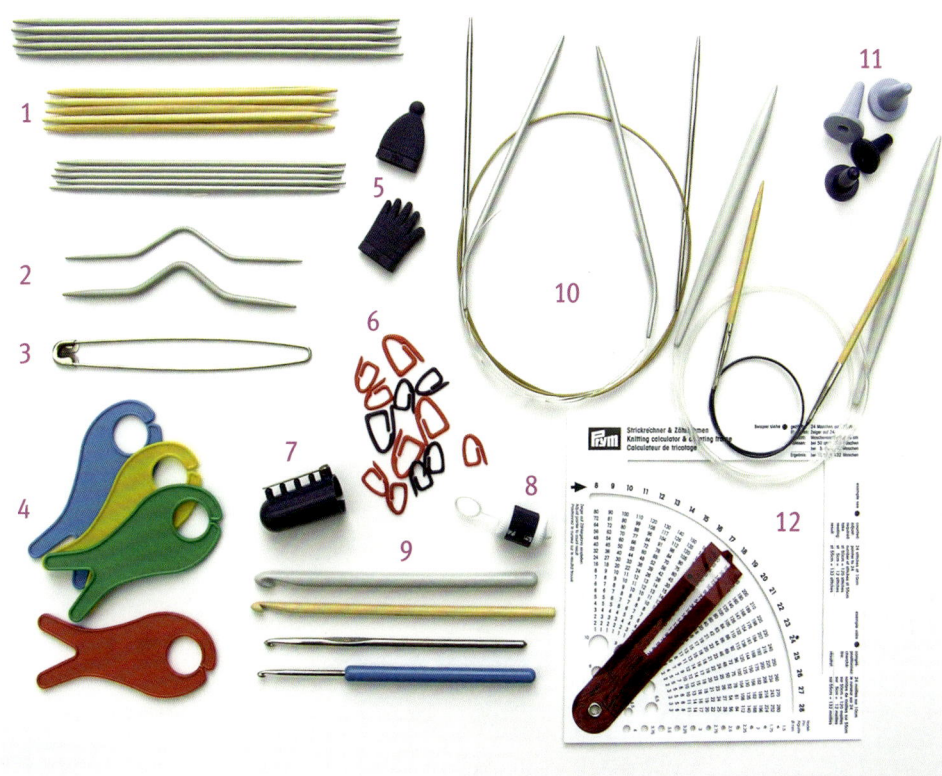

1 Nadelspiele aus Aluminium und Bambus
2 Zopfnadeln erleichtern das Verkreuzen von Maschen
3 Maschenraffer zum Stilllegen einer größeren Anzahl von Maschen
4 Garnspulen, hilfreich bei Jacquardmustern
5 Nadelspielhalter zum Aufstecken auf die Spitzen
6 Markierungsringe zum Einhängen ins Gestrick
7 Strick-Fingerhut für Jacquardmuster
8 Reihen- und Rundenzähler zum Einhängen
9 Wollhäkelnadeln mit Kunststoffgriff, Griffmulde, aus Bambus und Kunststoff
10 Rundstricknadeln aus Aluminium, Bambus und Kunststoff
11 Maschenstopper zum Aufstecken
12 Zählrahmen und Strickrechner

Minizöpfe machen Mode

Größe: M (L); beide 33,5 cm hoch

Material: Stärkeres Merinogarn (60 % Merinowolle, 40 % Polyacryl, Lauflänge = 120 m/50 g): 100 (150) g Anthrazit und 100 g Türkis; 1 Nadelspiel Nr. 4.

Glatt rechts in Runden: Stets rechte Maschen stricken.
Hebemaschenmuster: Maschenzahl zu Beginn teilbar durch 8 (9). Laut Strickschrift auf Umschlagseite B in Runden arbeiten. Gezeichnet sind alle Runden. Den Mustersatz für die entsprechende Größe stets wiederholen. Die 1.–6. Runde 1 mal stricken, dann die 3.–6. Runde stets wiederholen, dabei die Farbangaben neben den Rundenzahlen beachten.
Rippen in Runden: 2 Maschen rechts, 2 Maschen links im Wechsel.
Maschenprobe glatt rechts: 20 Maschen und 28 Reihen = 10 x 10 cm; **im Hebemaschenmuster:** 23 Maschen und 32 Runden = 10 x 10 cm.

Ausführung (2x): Je 72 (80) Maschen in Anthrazit anschlagen, gleichmäßig auf 4 Nadeln des Nadelspiels verteilen und Arbeit zur Runde schließen = 18 (20) Maschen pro Nadel. Für den Blendenbeleg 8 Runden glatt rechts stricken. Dann für die Bruchkante in der folgenden Runde stets abwechselnd 1 Umschlag und 2 Maschen rechts zusammenstricken, danach für die Blende 8 Runden glatt rechts stricken. In der folgenden Runde den Blendenbeleg an der Bruchkante hinter die Arbeit legen und stets 1 Masche der Nadel mit dem entsprechenden Maschenfuß der Anschlagkante rechts zusammenstricken; Blendenhöhe = 3 cm. Dann im Hebemaschenmuster weiterstricken, dabei in der 1. Runde gleichmäßig verteilt 8 (10) Maschen zunehmen = 80 (90) Maschen bzw. 20 (22/23/22/23) Maschen pro Nadel. Zur Formgebung nach 13 cm = 41 Runden Hebemaschenmuster = in einer 2. Runde Türkis 5 mal in jedem 2. Mustersatz 1 Masche abnehmen, dazu jeweils die letzte Zopfmasche mit der folgenden Masche überzogen zusammenstricken (= die Zopfmasche rechts abheben, die folgende Masche rechts stricken und die abgehobene Masche darüberziehen) = 75 (85) Maschen. Nach 18 cm = 57 Runden Hebemaschenmuster diese Abnahmen in den übrigen Mustersätzen ebenfalls ausführen = 70 (80) Maschen; zwischen den Zöpfen liegen nun je 3 (4) Maschen rechts. Nach 28 cm = 90 Runden Hebemaschenmuster für die Abschlussblende noch 2,5 cm im Rippenmuster in Anthrazit stricken, dann alle Maschen abketten, wie sie erscheinen.

Tipp: Das Zusammenstricken von Blende und Beleg erfordert etwas Geschick. Weniger geübte Strickerinnen lassen diesen Arbeitsschritt aus und säumen zum Schluss den Beleg mit überwendlichen Stichen innen an die Maschenköpfe der letzten Blendenreihe.

Top-Duo: Jacquard & Jeans

Größe: Einheitsgröße; 34 cm lang

Material: Feinere Merinowolle (100 % Merinowolle, Lauflänge = 145 m/50 g): 100 g Grün und je 50 g Pink und Hellgrün; 1 Nadelspiel Nr 3,5.

Ajourmuster: Maschenzahl teilbar durch 8. **1. Runde:** * 1 Umschlag, 2 Maschen rechts, 1 doppelter Überzug (= 2 Maschen zusammen rechts abheben, 1 Masche rechts und die abgehobenen Maschen darüberziehen), 2 Maschen rechts, 1 Umschlag, 1 Masche rechts, ab * stets wiederholen. **2. Runde:** Maschen und Umschläge rechts stricken. Die 1. und 2. Runde stets wiederholen.
Glatt links in Runden: Stets linke Maschen stricken.
Glatt rechts in Runden: Stets rechte Maschen stricken.
Jacquardmuster: Maschenzahl teilbar durch 8. Laut Zählmuster auf Umschlagseite C glatt rechts in Norwegertechnik stricken, dabei den unbenutzten Faden auf der Rückseite der Arbeit locker weiterführen. Gezeichnet ist jede Runde. Den Mustersatz stets wiederholen. Die 1.–36. Runde 1 x stricken.
Rippenmuster: 1 Masche rechts, 1 Masche links im Wechsel.
Musterfolge beginnend über 64 Maschen: in Grün 1 Runde linke Maschen, 14 Runden Ajourmuster, 2 Runden glatt links, 4 Runden glatt rechts, dabei in der 1. Runde gleichmäßig verteilt 8 Maschen abnehmen = 56 Maschen, dann 36 Runden Jacquardmuster, danach in Grün 4 Runden glatt rechts, dabei in der 1. Runde die 1. und 2. Masche jeder Nadel, in der 4. Runde die 6. und 7. Masche jeder Nadel rechts zusammenstricken = 48 M, 8 Runden Rippenmuster, 24 Runden glatt rechts, 2 Runden glatt links, 10 Runden Ajourmuster, 1 Runde linke Maschen = 106 Runden.
Maschenprobe in der Musterfolge: 24 Maschen und 31 Runden = 10 x 10 cm.

Linke Armstulpe: 64 Maschen in Grün anschlagen, gleichmäßig auf 4 Nadeln des Nadelspiels verteilen und Arbeit zur Runde schließen = 16 Maschen pro Nadel. In der Musterfolge stricken. Für den Daumenkeil in der 5. Runde ab Rippenmuster am Ende der 1. Nadel und zu Beginn der 2. Nadel jeweils 1 Masche rechts verschränkt aus dem Querfaden zunehmen und beidseitig der Zunahmen 4 x in jeder 2. Runde je 1 weitere Masche zunehmen = 10 Maschen Daumenkeil. In der 16. Runde ab Rippenmuster die Daumenkeil-Maschen abketten, in der folgenden Runde die Arbeit über den abgeketteten Maschen schließen und mustergemäß weiterstricken = 48 Maschen. Nach der letzten Runde der Musterfolge alle Maschen rechts abketten.
Rechte Armstulpe: Gegengleich arbeiten.
Fertigstellung: Das Rautenmotiv des Jacquardmusters (= 13.–23. Runde des Zählmusters) in umgekehrter Farbfolge im Maschenstich mittig auf den Handrücken sticken, dabei nach Belieben mit weiteren Maschen in Hellgrün verzieren.

Tipp: Das Jacquardmuster wirkt gleichmäßiger, wenn es leicht gedämpft wird. Dazu Armstulpe auf ein Ärmelbrett ziehen, ein Tuch auf das Gestrick legen und mit fast schwebendem Bügeleisen vorsichtig dämpfen.

Stäbchen im Romantik-Look

Größe: Einheitsgröße; ca. 37 cm hoch

Material: Weiches Dochtgarn (36 % Wolle, 27 % Polyamid, 17 % Cammello, 14 % Seide, 6 % Kaschmir, Lauflänge = 130 m/50 g): 150 g Altrosa meliert; 1 Häkelnadel Nr. 7.

Bordürenmuster: Maschenzahl teilbar durch 6. Laut Häkelschrift auf Umschlagseite A in Runden arbeiten. Jede Runde beginnt mit 3 bzw. 1 Luftmasche als Ersatz für das 1. Stäbchen bzw. die 1. feste Masche und mit den Maschen vor dem Mustersatz, den Mustersatz stets wiederholen, mit den Maschen vor dem Rundenbeginn und 1 Kettmasche in die 1. bzw. 3. Anfangs-Luftmasche enden. Die 1.–6. Runde 1 x arbeiten, dann die 3.–6. Runde stets wiederholen, dabei nach der 3. Runde mit 1 Kettmasche zum Beginn der 4. Runde vorgehen.

Grundmuster: In Runden häkeln, jedoch nach jeder Runde wenden, sodass jede 2. Runde als Rückrunde gearbeitet wird, damit die Knötchen der festen Maschen auf der Außenseite liegen.
1. Runde: Doppelstäbchen häkeln, dabei mit 4 Luftmaschen als Ersatz für das 1. Doppelstäbchen beginnen, mit 1 Kettmasche in die 4. Anfangs-Luftmasche enden. **2. Runde:** Feste Maschen häkeln, dabei mit 1 Luftmaschen als Ersatz für die 1. feste Masche die Arbeit wenden und mit 1 Kettmasche in die Wende-Luftmasche enden. **3. Runde:** Wie 1. Runde, jedoch zuvor mit den 4 Anfangs-Luftmaschen die Arbeit wenden. Die 1.–3. Runde 1 x häkeln, dann die 2. und 3. Runde stets wiederholen.

Maschenprobe im Bordürenmuster: 11 Anschlag-Maschen und 7,5 Runden = 10 x 10 cm; **im Grundmuster:** 10 Maschen und 5,5 Runden = 10 x 10 cm.

Ausführung (2x): Je 36 Luftmaschen anschlagen und mit 1 Kettmasche in die 1. Luftmasche zur Runde schließen. Nun für die Blende im Bordürenmuster häkeln = 6 Mustersätze. Nach 8 cm = 6 Runden ab Anschlag im Grundmuster weiterhäkeln = 36 Maschen. Nach 29 cm = 16 Runden Grundmuster auf der Innenseite der Arbeit bleiben und für den Umschlag im Bordürenmuster weiterhäkeln. Das Muster erscheint auf der Innenseite und wird später nach außen umgeschlagen. Nach 10,5 cm = 8 Runden Umschlaghöhe die Arbeit beenden. Umschlag nach außen umschlagen.
Fertigstellung: Für den unteren Bogenabschluss die Anschlagkante mit der 1. Runde des Bordürenmusters überhäkeln, dabei die 2 Stäbchen + Luftmasche + 2 Stäbchen sowie die Einzelstäbchen in dieselben Einstichstellen arbeiten wie in der 1. Runde der Blende.

Tipp: Modelle aus Dochtgarn sollten Sie stets nur von Hand lauwarm mit Wollwaschmittel waschen. Verwenden Sie keinen zusätzlichen Weichspüler. Die Modelle anschließend sanft in Form ziehen und liegend trocknen lassen.

Perfekter Wegbegleiter

Größe: S (M) L; alle ca. 40 cm hoch

Material: Tweedgarn 6-fädig (75 % Wolle, 25 % Polyacryl, Lauflänge = 125 m/50 g): 150 (200) 200 g Natur; Nadelspiel Nr. 4,5 und 1 Zopfnadel.

Rippenmuster: 1 Masche rechts, 1 Masche links im Wechsel.
Großes Perlmuster: 1 Masche links, 1 Masche rechts im Wechsel. Die Maschen nach jeder 2. Runde versetzen.
Rautenmuster: Über 24 Maschen. Laut Strickschrift auf Umschlagseite B in Runden arbeiten. Gezeichnet sind die ungeraden Runden. In den geraden Runden alle Maschen stricken, wie sie erscheinen. Die 1.–30. Runde 1 x stricken, dann die 5.–30. Runde noch 2 x wiederholen, mit der 83.–90. Runde enden.
Maschenprobe im großen Perlmuster: 18 Maschen und 28 Runden = 10 x 10 cm; **Rautenmuster:** 24 Maschen = 10 cm.

Ausführung (2x): 60 (64) 68 Maschen anschlagen, gleichmäßig auf 4 Nadeln des Nadelspiels verteilen und Arbeit zur Runde schließen = 15 (16) 17 Maschen pro Nadel. Für die Blende 3 cm im Rippenmuster stricken. Dann in folgender Einteilung weiterstricken: Über der 1. und 4. Nadel im großen Perlmuster stricken, über der 2. Nadel 3 (4) 5 Maschen im großen Perlmuster und 12 Maschen Zopfmuster (= 1.–12. Masche der Strickschrift), über der 3. Nadel 12 Maschen Zopfmuster (= 13.–24. Masche der Strickschrift) und 3 (4) 5 Maschen im großen Perlmuster. Für die Weite nach 11,5 cm = 32 Runden ab Blende vor und nach dem Rautenmuster 1 Masche links verschränkt aus dem Querfaden zunehmen und glatt links stricken. Diese Zunahmen noch 2 x in jeder 26. Runde wiederholen = 66 (70) 74 Maschen bzw. 15 (16) 17 / 18 (19) 20 / 18 (19) 20 / 15 (16) 17 Maschen pro Nadel. Nach 32 cm = 90 Runden ab Blende noch 12 cm im Rippenmuster stricken, dann alle Maschen abketten, wie sie erscheinen. Oberen Bund zur Hälfte nach außen umschlagen.

Tipp: Auch als Overknees sehen die Stulpen toll aus, dafür werden jedoch 50 g mehr Garn benötigt. Zur Verlängerung einfach den Mustersatz in der Höhe (= 5.–30. Runde) vor den Abschluss-Runden ein weiteres Mal wiederholen. Dadurch verlängert sich die Stulpe um 9 cm.

Gamaschen, gehäkelt & geknöpft

Größe: S (M) L; alle ca. 33 cm hoch

Material: Feinere Merinowolle (100 % Merinowolle, Lauflänge = 160 m/50 g): 200 (250) 250 g Granatrot; Häkelnadel Nr. 3,5 und 10 Knöpfe.

Rautenmuster: Maschenzahl teilbar durch 8 + 12. Laut Häkelschrift auf Umschlagseite A arbeiten. Jede Reihe beginnt mit 3 Luftmaschen als Ersatz für das 1. Stäbchen bzw. mit 1 zusätzlichen Wende-Luftmasche und mit den Maschen vor dem Mustersatz, den Mustersatz stets wiederholen, mit den Maschen nach dem Mustersatz enden. Die 1.–18. Reihe 1 x arbeiten, dann die 3.–18. Reihe stets wiederholen. **Achtung:** Ab der 5. Reihe die Relief-Doppelstäbchen stets um die vorhergehenden Relief-Doppelstäbchen arbeiten.

Rippenmuster: Maschenzahl teilbar durch 14 + 12. **1. Reihe (= Rückreihe):** 3 Wende-Luftmaschen als Ersatz für das 1. Stäbchen, dann Stäbchen häkeln. **2. Reihe:** 3 Luftmaschen als Ersatz für das 1. Stäbchen, * 3 Relief-Stäbchen, 4 Stäbchen, ab * stets wiederholen, enden mit 3 Relief-Stäbchen, 1 Stäbchen. **3., 5. und 7. Reihe:** 1 zusätzliche Wende-Luftmasche, dann feste Maschen arbeiten. **4. Reihe:** 3 Luftmaschen als Ersatz für das 1. Stäbchen, * 3 Relief-Stäbchen, 1 Stäbchen, für das Knopfloch mit 2 Luftmaschen 2 feste Maschen übergehen, 1 Stäbchen, 3 Relief-Stäbchen, 4 Stäbchen, ab * noch 3 x wiederholen, enden mit 3 Relief-Stäbchen, 1 Stäbchen, mit 2 Luftmaschen 2 feste Maschen übergehen, 1 Stäbchen, 3 Relief-Stäbchen, 1 Stäbchen. **6. Reihe:** wie 2. Reihe. Die 1.–7. Reihe 1 x arbeiten.

Zackenkante: Maschenzahl teilbar durch 8. * 1 feste Masche, 1 halbes Stäbchen, 1 Stäbchen, 1 Doppelstäbchen, 1 Stäbchen, 1 halbes Stäbchen, 1 feste Masche, 1 Kettmasche, ab * stets wiederholen.

Maschenprobe im Rautenmuster: 23 Maschen und 19 Reihen = 10 x 10 cm; **im Rippenmuster:** 22 Maschen und 7 Reihen = 10 x 3,5 cm.

Ausführung: 76 (84) 92 Luftmaschen + 3 Wende-Luftmaschen (= 1. Stäbchen) anschlagen und im Rautenmuster häkeln = 8 (9) 10 Mustersätze + Anfangs- und End-Maschen. Nach 31,5 cm = 60 Reihen ab Anschlag enden.

Fertigstellung: An der im Tragen linken Stulpe für den Blendenuntertritt die rechte Schmalkante mit 3 cm = 6 Reihen Rautenmuster überhäkeln, dabei in der 1. Reihe 70 Stäbchen häkeln und nur die 1. und 2. Reihe der Häkelschrift stets wiederholen. Für die Knopflochblende die linke Kante im Rippenmuster überhäkeln, dabei in der 1. Reihe 68 Stäbchen arbeiten. Ober- und Unterkante sowie die Schmalkanten der Knopflochblende mit der Zackenkante, die Schmalkanten des Blendenuntertritts mit festen Maschen überhäkeln. Rechte Stulpe gegengleich fertigstellen. Knöpfe auf den Untertritt nähen.

Tipp: Das Rautenmuster kann nach Belieben mit Perlen oder Blütenstickerei verziert werden: Dazu Blüten im Spann- oder Margaritenstich in das Rauteninnere sticken oder Perlen auf die Kreuzungspunkte der Rauten nähen.

Wärmstens empfohlen

Größe: Einheitsgröße; Beinstulpen 35 cm hoch, Armstulpen 27 cm lang

Material: Stärkeres Dochtgarn (46 % Wolle, 45 % Polyacryl, 9 % Viskose, Lauflänge = 72 m/50 g): 300 g Braun-Petrol-Farbverlauf; Nadelspiel Nr. 5 und 1 Zopfnadel.

Rippenmuster: 2 Maschen rechts, 2 Maschen links im Wechsel.

Zopfmuster: Beginn über 15 Maschen. Laut Strickschrift auf Umschlagseite C in Runden arbeiten. Gezeichnet sind die ersten 2 Runden, danach alle ungeraden Runden. Alle nicht gezeichneten geraden Runden wie die 2. Runde stricken. Gezeichnet ist ein Mustersatz; diesen bei den Beinstulpen jeweils 1 x pro Nadel arbeiten; bei den Armstulpen die Maschen laut Text einteilen. Die 1.–12. Runde 1 x stricken, dann die 3.–12. Runde stets wiederholen.

Glatt links in Runden: Stets linke Maschen stricken.

Maschenprobe im Zopfmuster: 22 Maschen und 25 Runden = 10 x 10 cm.

Beinstulpen (2x): Je 60 Maschen anschlagen, gleichmäßig auf 4 Nadeln des Nadelspiels verteilen und Arbeit zur Runde schließen = 15 Maschen pro Nadel. Für die Blende 3 cm im Rippenmuster stricken. Dann im Zopfmuster weiterstricken, dabei in der 1. Runde wie gezeichnet auf jeder Nadel 3 Maschen zunehmen = 72 Maschen. Für die Weite nach 7 cm ab Blende am Anfang jeder Nadel 1 Masche links verschränkt zunehmen = 76 Maschen. Nach 17 cm ab Blende am Ende jeder Nadel ebenso zunehmen = 80 Maschen. Nach 27 cm = 68 Runden ab Blende für den Bund im Rippenmuster stricken, dabei in der 1. Runde über jedem Zopf 2 Maschen abnehmen = 72 Maschen. Nach 5 cm Bundhöhe alle Maschen abketten.

Linke Armstulpe: 40 Maschen anschlagen, gleichmäßig auf 4 Nadeln des Nadelspiels verteilen und Arbeit zur Runde schließen = 10 Maschen pro Nadel. Für die Blende 3 cm im Rippenmuster stricken. Dann in folg Einteilung stricken, dabei das Zopfmuster mit der 9.–12. Runde beginnen, dann die 3.–12. Runde stets wiederholen: Über der 1. und 4. Nadel glatt links, über der 2. Nadel 2 Maschen glatt links, 8 Maschen Zopfmuster (= 2.–9. Masche der Strickschrift), über der 3. Nadel 8 Maschen Zopfmuster (= 10.–17. Masche der Strickschrift), 2 Maschen glatt links. Für den Daumenkeil nach 10 cm = 26 Runden ab Blende nach den ersten 9 Maschen der 1. Nadel und vor den letzten 9 Maschen der 2. Nadel 1 Umschlag arbeiten und diesen in der folgenden Runde links verschränkt abstricken. Diese Zunahmen 4 x in jeder 2. Runde wiederholen. Nach 15 cm = 38 Runden ab Blende die letzten 6 Maschen der 1. Nadel und die ersten 6 Maschen der 2. Nadel rechts abketten. In der folgenden Runde am Ende der 1. Nadel und am Anfang der 2. Nadel je 1 Masche neu dazu anschlagen und glatt links stricken = 10 Maschen pro Nadel. Nach 21,5 cm = 54 Runden ab Blende noch 2 cm im Rippenmuster stricken, dann alle Maschen abketten, wie sie erscheinen.

Rechte Armstulpe: Ebenso, jedoch den Daumenkeil auf der 3. und 4. Nadel arbeiten.

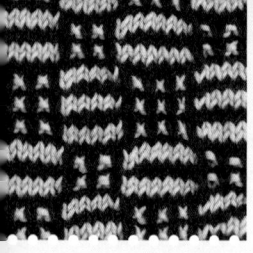

Musterspiele mit Merino

Größe Kapuzenschal: Umfang 80 cm; Höhe 35 cm
Größe Armstulpen: für Armumfang 20–22 cm; Länge ca. 32 cm

Material: Stärkeres Merinogarn (60 % Merinowolle, 40 % Polyacryl, Lauflänge = 85 m/50 g): **für den Schal** 150 g Beige und 100 g Violett; **für die Armstulpen** 50 g Beige und 100 g Violett; Rundstricknadel und Nadelspiel Nr. 4,5.

Glatt rechts in Runden: Stets rechte Maschen stricken.
Hebemaschenmuster: Maschenzahl teilbar durch 12. Laut Strickschrift auf Umschlagseite C in Runden arbeiten. Gezeichnet sind alle Runden. Den Mustersatz und die 1.–20. Runde stets wiederholen, dabei die Farbangaben neben den Rundenzahlen beachten.
Rippen in Runden: 2 Maschen rechts, 2 Maschen links im Wechsel.
Maschenprobe im Hebemaschenmuster: 18 Maschen und 31 Runden = 10 x 10 cm; **glatt rechts:** 19 Maschen und 26 Reihen = 10 x 10 cm.

Kapuzenschal: Mit der Rundstricknadel 144 Maschen in Beige anschlagen, Arbeit zur Runde schließen und für die Rollblende 3 cm glatt rechts stricken. Dann 30,5 cm = 94 Runden im Hebemaschenmuster stricken. Danach für die Abschlussblende noch 2,5 cm im Rippenmuster in Beige stricken, dann alle Maschen abketten, wie sie erscheinen. Rollblende mit großen Schlingstichen in Violett fixieren.

Linke Armstulpe: 36 Maschen in Beige anschlagen, auf 4 Nadeln des Nadelspiels verteilen und Arbeit zur Runde schließen = 9 Maschen pro Nadel. Für die Rollblende 3 cm glatt rechts, dann für den Schaft 17 cm = 52 Runden im Hebemaschenmuster stricken. Danach für die Hand glatt rechts in Violett weiterstricken. Für den Daumenkeil nach 2 cm = 6 Runden ab Hebemaschenmuster vor den letzten 8 Maschen der 1. Nadel und nach den ersten 8 Maschen der 4. Nadel 1 Umschlag arbeiten und diesen in der folgenden Runde rechts verschränkt abstricken. Diese Zunahmen 4 x in jeder 2. Runde wiederholen. In der 18. Runde ab Hebemaschenmuster die letzten 6 Maschen der 4. Nadel und die ersten 6 Maschen der 1. Nadel stilllegen und dafür je 1 Masche auf der 4. und 1. Nadel neu dazu anschlagen = 9 Maschen pro Nadel. Nach 11,5 cm = 30 Runden ab Hebemaschenmuster 1 Runde rechte Maschen und 1,5 cm Rippenmuster in Beige stricken, dann alle Maschen abketten, wie sie erscheinen. Die 12 Daumenkeil-Maschen aufnehmen, aus dem Neuanschlag 2 Maschen dazu auffassen und die 14 Maschen auf 3 Nadeln verteilen. Arbeit zur Runde schließen und in Violett 3 cm glatt rechts stricken. Dann die Maschen links abketten.
Rechte Armstulpe: Ebenso, jedoch den Daumenkeil auf der 2. und 3. Nadel arbeiten.

Tipp: Beim Abheben der Maschen im Hebemaschenmuster den Faden auf der Rückseite locker weiterführen, sonst zieht sich das Muster zusammen.

Weich, warm, zum Wohlfühlen

Größe: S–M (L); Umfang 36 (40) cm, beide 35 cm hoch

Material: Weiches Dochtgarn (46 % Merinowolle, 28 % Bambus, 12 % Baumwolle, 7 % Baby-Alpaca, 7 % Super-Kid-Mohair, Lauflänge = 100 m/50 g): 150 (200) g Pastell-Flieder; 1 Häkelnadel Nr. 5 und 1 Nadelspiel Nr. 4,5 sowie 8 Rocailles in Flieder.

Häkelmuster: Maschenzahl teilbar durch 8. Laut Häkelschrift auf Umschlagseite A in Runden arbeiten. Die 1. Runde beginnt mit 3 Luftmaschen als Ersatz für das 1. Stäbchen, alle folgenden Runden beginnen mit 2 Luftmaschen als Ersatz für das 1. Relief-Stäbchen und mit den Maschen vor dem Mustersatz, den Mustersatz stets wiederholen, mit 1 Relief-festen-Masche um die 2. Anfangs-Luftmasche enden, dazu 1 feste Masche von hinten nach vorn um die Luftmasche arbeiten. Die 1. und 2. Runde 1 x arbeiten, alle folgenden Runden wie die 2. Runde arbeiten.
Glatt rechts in Runden: Stets rechte Maschen stricken.
Rippenmuster in Runden: 2 Maschen rechts, 2 Maschen links im Wechsel.
Maschenprobe im Häkelmuster: 16 Anschlag-Maschen und 6,5 Runden = 10 x 10 cm; **glatt rechts:** 14 Maschen und 10 Runden = 10 x 5 cm; **im Rippenmuster:** 16 Maschen und 8 Runden = 10 x 4 cm.

Ausführung (2x): Je 56 (64) Luftmaschen anschlagen und mit 1 Kettmasche in die 1. Luftmasche zur Runde schließen. Nun im Häkelmuster häkeln = 7 (8) Mustersätze. Nach 27,5 cm = 18 Runden ab Anschlag das Häkelmuster beenden. Mit 4 Nadeln des Nadelspiels für die Rollblende aus den Maschen der letzten Runde des Häkelmusters 56 (64) Maschen auffassen, dabei die Maschen stets nur aus den hinteren Maschengliedern auffassen = 14 (16) Maschen pro Nadel. Für die Rollblende 1 Runde rechte Maschen stricken, dann für den Banddurchzug in der folgenden Runde * 2 Maschen rechts, 2 Maschen rechts zusammenstricken, 1 Umschlag arbeiten, ab * stets wiederholen. In der 3. Runde alle Maschen und Umschlage rechts stricken. Danach 7 Runden glatt rechts stricken und nach insgesamt 5 cm = 10 Runden alle Maschen rechts abketten. Die Anschlagkante der Stulpe mit 48 (56) festen Maschen überhäkeln. Mit 4 Nadeln des Nadelspiels aus jeder festen Masche 1 Masche auffassen = 12 (14) Maschen pro Nadel. Dann für den Bund 4 cm = 8 Runden im Rippenmuster stricken. Danach alle Maschen abketten, wie sie erscheinen.
Fertigstellung: Für die beiden Bindebänder jeweils 86 (96) Luftmaschen + 1 Wende-Luftmasche anschlagen und diese Luftmaschenkette mit Kettmaschen behäkeln. Bindebänder ab/bis vordere Mitte durch die Umschläge der Rollblende fädeln. In jedes Band-Ende Fransen knüpfen: Für jede Franse 2 ca. 16 cm lange Fäden zuschneiden und zur Hälfte durch das Band-Ende ziehen. Je 2 Rocailles pro Franse auf die Fransenfäden ziehen und die Fransenfäden unter den Rocailles verknoten. Fransen auf 2 cm Länge zurückschneiden. Rollblende nach außen umrollen.

Mit Zippern auf Erfolgskurs

Größe: S (M) L; alle 35 cm hoch

Material: Feinere Merinowolle (100 % Merinowolle, Lauflänge = 145 m/50 g): 100 (150) 150 g Grün und 100 (100) 150 g Rot-Orange-Farbverlauf; Häkelnadel Nr. 4 sowie 2 teilbare Reißverschlüsse in Rot, 25 cm lang und 2 Knöpfe.

Wellenmuster: Maschenzahl teilbar durch 12 + 2 + 2 Wende-Luftmaschen. Laut Häkelschrift auf Umschlagseite A arbeiten. Jede Reihe beginnt mit 2 bzw. 4 Luftmaschen als Ersatz für die 1. feste Masche bzw. das 1. Doppelstäbchen und mit den Maschen vor dem Mustersatz, den Mustersatz stets wiederholen, mit den Maschen nach dem Mustersatz enden. Die 1.–7. Reihe 1 x arbeiten, dann die 2.–7. Reihe stets wiederholen, dabei die Farbangaben neben den Reihen-Zahlen beachten. Die Reihen beginnen jeweils am betreffenden Anfangs-Faden, dazu diesen hochholen, 1 Kettmasche in die letzte Masche der Vorreihe arbeiten, dann die Reihen wie gezeichnet beginnen.
Maschenprobe im Wellenmuster: 22 Maschen und 20 Reihen = 10 x 10 cm.

Ausführung: Für den senkrechten Musterverlauf die Stulpen quer häkeln. Anschlagkante und letzte Reihe = Reißverschlusskanten.
74 Luftmaschen + 2 Wende-Luftmaschen in Grün anschlagen und im Wellenmuster häkeln. Nach 34,5 cm = 69 Reihen (37,5 cm = 75 Reihen) 40,5 cm = 81 Reihen ab Anschlag = nach 1 Rückreihe in Grün enden, Faden nicht abschneiden.
Fertigstellung: Nach der letzten Rückreihe die Arbeit wenden und in Grün wie folgt weiterhäkeln: Zur Begradigung der 1. Reißverschlusskante 4 halbe Stäbchen, dann * 6 feste Maschen, 6 halbe Stäbchen arbeiten, ab * stets wiederholen, mit 4 halben Stäbchen enden; 1 Luftmasche für die Ecke häkeln, im Anschluss die folgende Kante mit halben Stäbchen überhäkeln, 1 Luftmasche für die Ecke häkeln, dann die 2. Reißverschlusskante wie die erste überhäkeln, 1 Luftmasche für die Ecke und die folgende Kante mit halben Stäbchen überhäkeln, mit 1 Luftmasche und 1 Kettmasche in die 1. Masche enden. Zurückgehend alle Kanten mit 1 Runde Krebsmaschen (= feste Maschen von links nach rechts) überhäkeln, dabei nach jeder Krebsmasche 1 Masche der Vorrunde übergehen und zuletzt 1 Knopfschlinge arbeiten, dazu 11 Luftmaschen häkeln, an der Kante anketten, mit 1 Luftmache wenden und die Schlinge mit festen Maschen überhäkeln, anketten. Reißverschlüsse jeweils ab Oberkante einnähen, sodass sie sich von oben nach unten schließen lassen, die unteren 10 cm bleiben offen. Knopf auf die untere Ecke nähen.

Tipp: Die Reißverschlüsse auf der Nähmaschine mit großer Stichlänge einnähen, dabei neben der Krebsmaschenkante steppen.

Filigrane Eleganz

Größe: S (M) L; alle 32 cm hoch

Material: Sockengarn 4-fach (75 % Schurwolle, 25 % Polyamid, Lauflänge = 210 m/50 g): 100 g Jeansblau; Nadelspiel Nr. 3.

Rippenmuster: 1 Masche links, 1 Masche rechts verschränkt im Wechsel.

Rippen-Fangmuster: Beginn über 16 (18) 20 Maschen. Laut Strickschrift auf Umschlagseite C in Runden arbeiten. Gezeichnet sind alle ungeraden Runden. In den nicht gezeichneten geraden Runden alle Maschen stricken, wie sie erscheinen bzw. wie in der Zeichenerklärung angegeben. Gezeichnet ist das Muster für eine Nadel, dabei setzt es sich aus 4 (6) 6 Maschen Rippenmuster, 7 Maschen Fangmuster und 5 (5) 7 Maschen Rippenmuster zusammen, diese insgesamt 4 x pro Runde arbeiten. Die 1.–8. Runde stets wiederholen.

Glatt links in Runden: Stets linke Maschen stricken.

Maschenprobe im Rippen-Fangmuster: 29 Maschen und 37 Runden = 10 x 10 cm.

Stutzen (2x): Je 64 (72) 80 Maschen anschlagen, gleichmäßig auf 4 Nadeln des Nadelspiels verteilen und Arbeit zur Runde schließen = 16 (18) 20 Maschen pro Nadel. Für die Blende 2 cm im Rippenmuster stricken. Dann im Rippen-Fangmuster weiterstricken, dabei werden die Rippen aus der Blende fortgeführt. Für die Weite nach 8,5 cm = 32 Runden ab Blende auf jeder Nadel beidseitig des Fangmusters je 1 Masche links verschränkt aus dem Querfaden zunehmen und glatt links stricken, dadurch wird das Fangmuster beidseitig um 1 linke Masche erweitert = 72 (80) 88 Maschen. Diese Zunahmen noch 2 x in jeder 24. Runde wiederholen = 88 (96) 104 Maschen. Nach 26 cm = 98 Runden ab Blende für die Abschlussblende 4 cm im Rippenmuster stricken, danach alle Maschen abketten, wie sie erscheinen.

Tipp: Um zu verhindern, dass die Stutzen beim Tragen in Schuhen nach oben rutschen, kann ein 2 cm breites Gummiband als Steg angenäht werden. Dafür jeweils ein ca. 25 cm langes Gummiband an jedem Stulpen an gegenüberliegenden Seiten verdeckt unter der Blende annähen.

Schicke Akzente durch Farbe

Größe: S (M); beide ca. 30 cm hoch

Material: Feinere Merinowolle (100 % Merinowolle, Lauflänge = 145 m/50 g): 100 (150) g Messing; Häkelnadel Nr. 4.

Muschelmuster: Maschenzahl teilbar durch 8. Laut Häkelschrift auf Umschlagseite A in Runden arbeiten. Jede Runde beginnt mit 3 bzw. 1 Luftmasche als Ersatz für das 1. Stäbchen bzw. die 1. feste Masche und mit den Maschen vor dem Mustersatz, den Mustersatz stets wiederholen, mit den Maschen vor dem Rundenbeginn und 1 Kettmasche in die 1. bzw. 3. Anfangs-Luftmasche enden; Rundenbeginn- und -ende bilden zusammen 1 Mustersatz. Die 1.–5. Runde 1 x arbeiten, dann die 2.–5. Runde stets wiederholen, dabei nach der 4. Runde mit Kettmaschen zum Beginn der 5. Runde vorgehen.

Grundmuster: 1. Runde: Halbe Stäbchen häkeln, dabei mit 2 Luftmaschen als Ersatz für das 1. halbe Stäbchen beginnen und mit 1 Kettmasche in die 2. Anfangs-Luftmasche enden. **2. Runde:** Stäbchen häkeln, dabei mit 3 Luftmaschen als Ersatz für das 1. Stäbchen beginnen, die Stäbchen nur in die hinteren Maschenglieder der halben Stäbchen der Vorrunde einstechen und mit 1 Kettmasche in die 3. Anfangs-Luftmasche enden. **3. Runde:** Wie 1. Runde, jedoch die halben Stäbchen nur in die hinteren Maschenglieder der Stäbchen der Vorrunde einstechen. Die 1. bis 3. Runde 1 x häkeln, dann die 2. und 3. Runde stets wiederholen.

Maschenprobe im Muschelmuster: 27 Anschlag-Maschen und 13 Reihen = 10 x 10 cm; **im Grundmuster:** 25 Maschen und 12 Reihen = 10 x 10 cm.

Ausführung (2x): Je 48 (56) Luftmaschen anschlagen und mit 1 Kettmasche in die 1. Luftmasche zur Runde schließen. Nun den Schaft im Muschelmuster häkeln = 6 (7) Mustersätze. Nach 18,5 cm = 24 Runden ab Anschlag im Grundmuster weiterhäkeln, dabei in der 1. Runde in jede Masche und um jede Luftmasche der Vorrunde 1 halbes Stäbchen arbeiten, jedoch um die 2 Luftmaschen zwischen den Stäbchen nur 1 halbes Stäbchen arbeiten = 48 (56) Maschen. Für den Daumenausschnitt in der 6. Grundmuster-Runde 20 (24) Stäbchen arbeiten, dann 8 halbe Stäbchen der Vorrunde mit 8 Luftmaschen übergehen, mit 20 (24) Stäbchen enden. Die Luftmaschen in der folgenden Runde mit halben Stäbchen überhäkeln. Nach 8,5 cm = 10 Runden Grundmuster für die Abschlusskante noch 1 x die 1. Runde des Muschelmusters arbeiten, dabei stellen die Punkte unter der Häkelschrift hier die Stäbchen des Grundmusters dar, dann die Arbeit beenden.

Fertigstellung: Für den Bogenabschluss die Anschlagkante mit der 1. Runde des Muschelmusters überhäkeln, dabei Stäbchen und feste Maschen in dieselben Einstichstellen arbeiten wie in der 1. Runde des Schafts.

Modehit bei Minusgraden

Größe: S (M) L; alle 60 cm hoch

Material: Sockengarn 6-fach (75 % Schurwolle superwash, 25 % Polyacryl, Lauflänge = 125 m/50 g): 200 g Blau-Bunt-Farbverlauf; Nadelspiel Nr. 3,5.

Rippenmuster: * 1 Masche rechts, 2 Maschen links, 1 Masche rechts, ab * stets wiederholen.
Glatt rechts in Runden: Stets rechte Maschen stricken.
Betonte Abnahmen: Auf der 1. Nadel nach dem Rippenmuster 2 Maschen überzogen zusammenstricken (= 1 Masche rechts abheben, 1 Masche rechts stricken und die abgehobene Masche darüberziehen) und auf der 4. Nadel vor dem Rippenmuster 2 Maschen rechts zusammenstricken.
Maschenprobe glatt rechts: 20 Maschen und 28 Reihen = 10 x 10 cm.

Ausführung: Von oben nach unten arbeiten! 76 (80) 84 Maschen anschlagen, gleichmäßig auf 4 Nadeln des Nadelspiels verteilen und Arbeit zur Runde schließen = 19 (20) 21 Maschen pro Nadel. Für den Bund 7 cm = 20 Runden im Rippenmuster stricken. Dann das Rippenmuster über den ersten 7 Maschen der 1. Nadel und über den letzten 7 Maschen der 4. Nadel weiterführen, dazwischen die restlichen Maschen glatt rechts stricken. Zur Formgebung nach 24 cm = 68 Runden ab Anschlag beidseitig des Rippenmusters 1 betonte Abnahme arbeiten, dann 4 x in jeder 8. Runde, 5 x in jeder 6. Runde und 6 x in jeder 4. Runde je 1 betonte Abnahme ausführen = 44 (48) 52 Maschen. Wegen der Abnahmen verringert sich die Maschenzahl auf der 1. und 4. Nadel; zum Ausgleich nach und nach Maschen von der 2. bzw. 3. Nadel mit auf die 1. bzw. 4. Nadel legen. Nach 57 cm = 160 Runden ab Anschlag für den Bund 3 cm = 8 Runden im Rippenmuster stricken, dann alle Maschen abketten, wie sie erscheinen.

Tipp: Bei Garnen mit Farbverlauf ergibt sich die Farbgebung aus dem Knäuel. Damit der Farbverlauf an beiden Stulpen identisch wird, müssen beide Stulpen mit dem gleichen Farbrapport begonnen werden. Dazu den Anfangsfaden von 2 Knäueln so weit abrollen, bis die Farben passen. Es empfiehlt sich, beide Stulpen auf 2 Nadelspielen parallel zu stricken.
Bei abnehmender Maschenzahl kann auf ein Nadelspiel mit kürzeren Nadeln gewechselt werden. Dies ist leichter zu handhaben und die Arbeit geht schneller von der Hand.

Grundkurs Stricken

Maschenanschlag

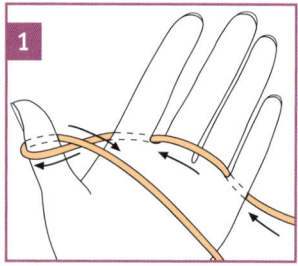
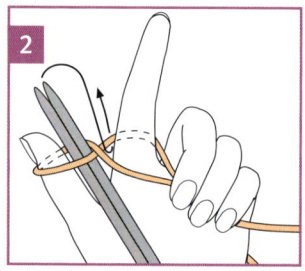
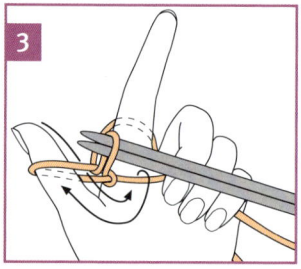

Das Fadenende zwischen kleinem Finger und Ringfinger von außen nach innen, zwischen Mittel- und Zeigefinger nach außen und von vorne um den Daumen legen.

Mit 2 Nadeln die Daumenschlinge erfassen. Dann mit den Nadeln die Zeigefingerschlinge des Fadens erfassen. Die Zeigefingerschlinge durch die Daumenschlinge holen.

Den Daumen aus der Schlinge ziehen, unter den vorderen Faden führen und mit dem Daumen die Schlinge festziehen. Die 2. Nadel nach gewünschter Maschenzahl herausziehen.

Maschen abketten

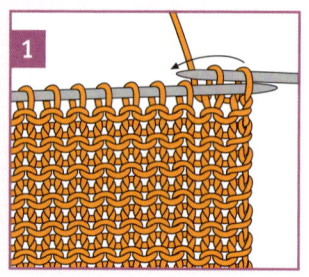
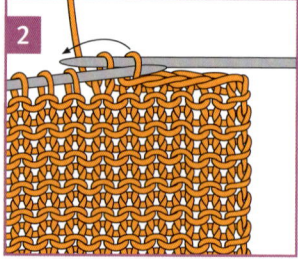

Stricken in Runden

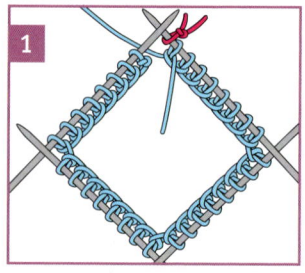

Die ersten 2 Maschen stricken. Mit der linken Nadel in die 1. Masche stechen, diese über die 2. Masche heben und mit der rechten Nadel die 2. Masche durch die 1. ziehen.

Die nächste Masche stricken und die vorhergehende darüberziehen. Sind alle Maschen abgekettet, Faden abschneiden und durch die letzte Masche ziehen.

Maschen anschlagen, auf 4 Nadeln verteilt zur Runde schließen. Dabei darauf achten, dass die unteren Kanten der Maschen nach innen zeigen. Eventuell den Rundenanfang mit einem andersfarbigen Garn markieren.

Rechte Maschen

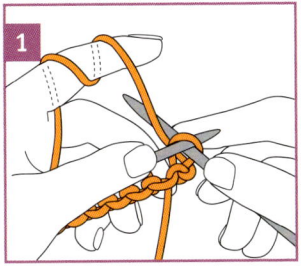

Die Nadel mit den Maschen in die linke Hand nehmen. Der Faden liegt hinter der linken Nadel. Mit der rechten Nadel von vorne in die Masche einstechen.

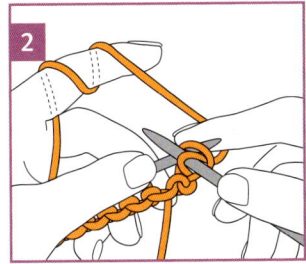

Dann den Faden mit der rechten Nadel fassen und durch die Masche ziehen. Anschließend die Masche der Vorreihe von der linken Nadel gleiten lassen.

Maschen rechts zusammenstricken

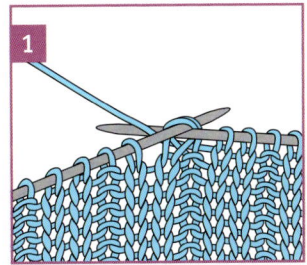

Den Faden hinter die Arbeit legen. Mit der rechten Nadel von links nach rechts durch beide Maschen stechen, den Faden durchholen. Die Maschen von der linken Nadel gleiten lassen.

Linke Maschen

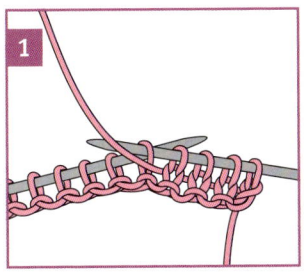

Den Faden vor die Arbeit legen und mit der rechten Nadel von rechts nach links in die Masche auf der linken Nadel einstechen.

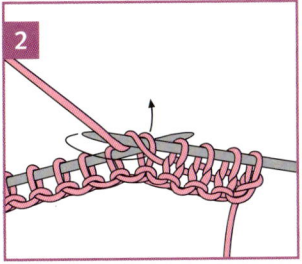

Den Faden von vorn nach hinten um die Nadelspitze schlingen und durch die Masche holen. Die Masche von der linken Nadel gleiten lassen.

Maschen links zusammenstricken

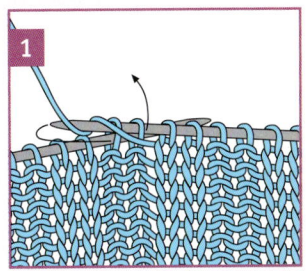

Wie bei einer linken Masche den Faden vor die Arbeit legen, von rechts nach links durch beide Maschen stechen und den Faden durchholen. Die Maschen von der linken Nadel gleiten lassen.

Links verschränkte Zunahme

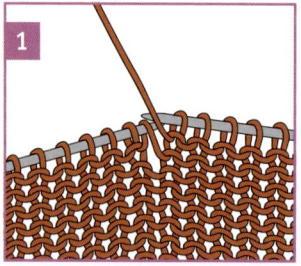 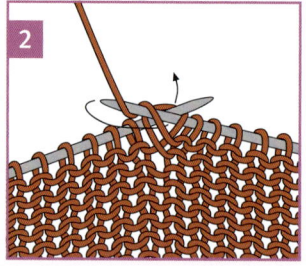 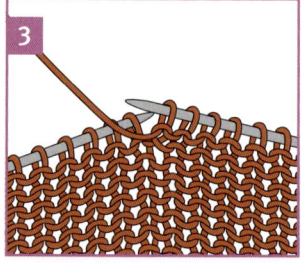

Den Querfaden zwischen 2 Maschen mit der linken Nadel von vorn nach hinten aufnehmen.

Der Arbeitsfaden liegt vorne. Von hinten nach vorn in den hinteren Schlingenteil einstechen. Faden durchholen.

Den aufgenommenen Querfaden von der linken Nadel gleiten lassen. Eine zusätzliche Masche ist entstanden.

Rechts verschränkte Zunahme

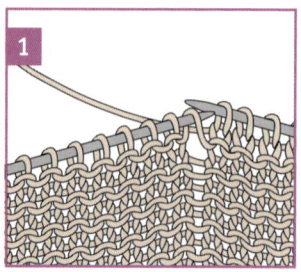 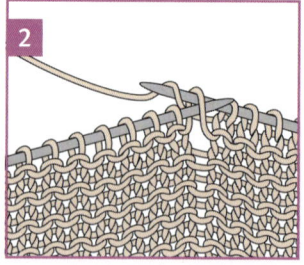 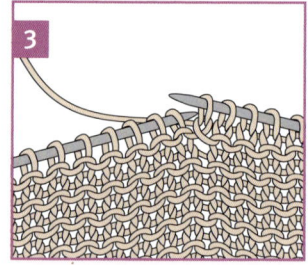

Den Querfaden zwischen 2 Maschen mit der linken Nadel von vorn nach hinten aufnehmen.

Der Arbeitsfaden liegt hinten. In den hinteren Schlingenteil einstechen. Faden durchholen.

Den aufgenommenen Querfaden von der linken Nadel gleiten lassen. Eine zusätzliche Masche ist entstanden.

Rechts verschränkte Masche

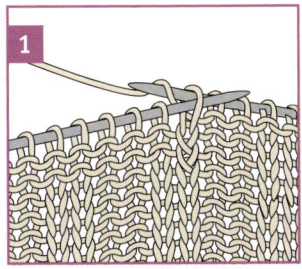

Von vorn nach hinten in das hintere Maschenglied einstechen und wie beim Rechtsstricken weiterarbeiten.

Umschlag bilden

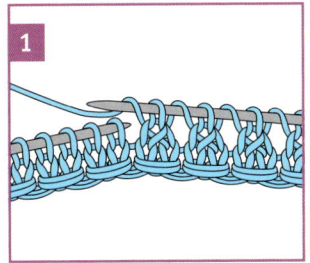

Einen Umschlag arbeiten heißt: Den Faden von vorne nach hinten über die rechte Nadel legen. Dann wie in der jeweiligen Anleitung angegeben weiterarbeiten.

Der Maschenstich

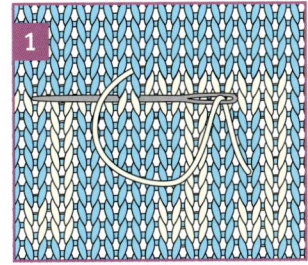

Die Nadel von hinten durch die Mitte der 1. Masche ausstechen. Dem Verlauf entsprechend um die obere Masche ein und wieder ausstechen. Nun wieder in die Mitte der 1. Masche einstechen und aus der folgenden Masche ausstechen.

Verzopfung nach links

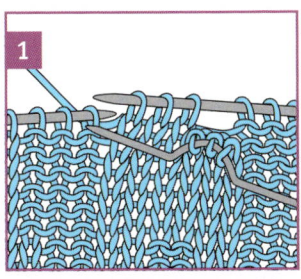

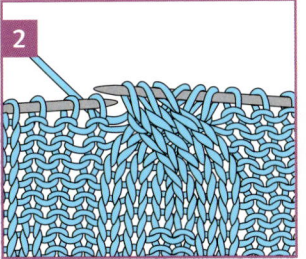

3 Maschen auf eine Zopfnadel nehmen und vor die Arbeit legen, die folgenden 3 Maschen der linken Nadel rechts stricken.

Dann die 3 Maschen der Zopfnadel rechts stricken.

Verzopfung nach rechts

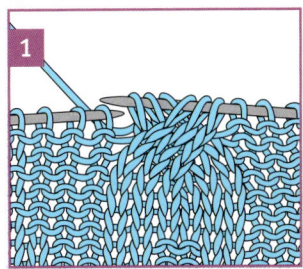

3 Maschen auf die Zopfnadel nehmen und hinter die Arbeit legen, die folgenden 3 Maschen der linken Nadel rechts stricken, dann die 3 Maschen der Zopfnadel rechts stricken.

Impressum

Entwürfe und Realisation: Birgit Rath-Israel
Redaktion: Angelika Klein
Lektorat: Birgit Gack
Fotografie und Styling: Rainer Muranyi
Lehrgangszeichnungen: Brigitte Fischer
Häkelschriften: Sabine Schidelko
Strickschriften und technische Zeichnungen: Carsten Bachmann
Umschlag und Layout: Yvonne Rangnitt
Satz: GrafikwerkFreiburg
Reproduktion: Meyle + Müller GmbH & Co. KG, Pforzheim
Druck und Verarbeitung: Himmer AG, Augsburg

ISBN 978-3-8410-6006-8
Art.-Nr. OZ6006

© 2010 Christophorus Verlag GmbH & Co. KG, Freiburg
Alle Rechte vorbehalten.

Sämtliche Modelle, Illustrationen und Fotos sind urheberrechtlich geschützt. Jede gewerbliche Nutzung ist untersagt. Dies gilt auch für eine Vervielfältigung bzw. Verbreitung über elektronische Medien.

Autorin und Verlag haben die größtmögliche Sorgfalt walten lassen, um sicherzustellen, dass alle Angaben und Anleitungen korrekt sind, können jedoch im Falle unrichtiger Angaben keinerlei Haftung für eventuelle Folgen, direkte oder indirekte, übernehmen. Die gezeigten Materialien sind zeitlich unverbindlich. Der Verlag übernimmt für Verfügbarkeit und Lieferbarkeit keine Gewähr und keine Haftung.

Farbe und Helligkeit der in diesem Buch gezeigten Garne, Materialien und Modelle können von den jeweiligen Originalen abweichen. Die bildliche Darstellung ist unverbindlich. Der Verlag übernimmt keine Gewähr und keine Haftung.

Hersteller/Materialien

Garne:
Junghans Wollversand GmbH & Co. KG, Aachen
www.junghans-wolle.de
ONline Klaus Koch GmbH, Stadtallendorf
www.online-garne.de
Schoeller + Stahl, Süssen
www.schoeller-und-stahl.de

Stricknadeln, Knöpfe und Zubehör:
Prym Consumer GmbH, Stolberg
www.prym-consumer.com
Jim Knopf GmbH & Co. KG, Offenbach
www.knopfhandel.de

 **Kreativ-Service**

Sie haben Fragen zu den Büchern und Materialien? Frau Erika Noll ist für Sie da und berät Sie rund um die Themen Basteln und kreatives Hobby. Rufen Sie an! Wir interessieren uns auch für Ihre eigenen Ideen und Anregungen. Sie erreichen Frau Noll per E-Mail: mail@kreativ-service.info oder Tel.: +49 (0) 5052/91 18 58
Montag–Donnerstag: 9–17 Uhr / Freitag: 9–13 Uhr